Abuela y el covid
Grandma and Covid

Por / By
Airy Sindik

Ilustraciones de / Illustrations by
Tony De Luz

Traducción al inglés / English translation by
Nicolás Kanellos

Piñata Books
Arte Público Press
Houston, Texas

Esta edición de *Abuela y el covid* ha sido subvencionada en parte por la Clayton Fund, Inc. Le agradecemos su apoyo.

Publication of *Grandma and Covid* is funded in part by a grant from the Clayton Fund, Inc. We are grateful for its support.

¡Piñata Books están llenos de sorpresas!
Piñata Books are full of surprises!

Piñata Books
An Imprint of Arte Público Press
University of Houston
4902 Gulf Fwy, Bldg 19, Rm 100
Houston, Texas 77204-2004

Diseño de la portada por / Cover design by Bryan Dechter

Library of Congress Control Number: 2022935316

∞ The paper used in this publication meets the requirements of the American National Standard for Permanence of Paper for Printed Library Materials Z39.48-1984.

Abuela y el covid © 2022 by Airy Sindik
Grandma and Covid © 2022 by Arte Público Press
Illustrations © 2022 by Tony De Luz

Printed in China by Yuto Printing
April 2022–August 2022
5 4 3 2 1

Para Arcadia y Amaru
—AS

Para mi nieto Aiden y sus dos abuelas, Dana y Patty
—TDL

To Arcadia and Amaru
—AS

To my grandson Aiden and his two *abuelas*, Dana and Patty
—TDL

Abuela habló con Papá ayer. Ella dijo que nos quiere mucho, que nos cuidemos porque hay un virus muy pequeño que nos puede enfermar.

Por la mañana Abuela me mandó un mensaje de voz en WhatsApp: —¡Buenos días!

Grandma spoke to Dad yesterday. She told him how much she loves us and that we should be careful because there is a tiny virus that can make us sick.

This morning she sent me a voice message on WhatsApp: "Good morning!"

Con su teléfono pequeño, ella me contó sus aventuras. Usó su tableta para verme. Y me mandó muchas fotos de Ambar y Goliath, sus perros.

Ya no salgo a la calle porque hay un virus. Me gustaría poder verlo. Papá le tomó fotos a los barandales y a las banquetas con el teléfono, pero no se alcanza a ver ningún virus en ellas.

Using her small phone, she told me about all her adventures. She used her tablet to send me photos of Ambar and Goliath, her dogs.

I can't go outside because there's a virus going around. I wish I could see it. Dad took photos of hand rails and sidewalks with his phone, but I couldn't see the virus on them.

Abuela me quiere mucho y espero su llamada todos los días. Cuando hablamos, jugamos a las escondidas y a veces ella me canta una canción. Yo le cuento lo que hice en el día, y con el teléfono de Papá le muestro la casa y le mando videos.

Grandma loves me a lot, and I wait for her to call every day. When we talk, we play hide and seek, and sometimes she sings me a song. I tell her what I've been up to and I use Dad's phone to show her our house and send her videos.

Abuela no llamó hoy. Le pregunté a Papá si podíamos ir a verla. Pero respondió que no porque ella vive muy lejos.

Grandma did not call today. I asked Dad if we could go to see her. But he said no, because she lives very far away.

Abuela llamó de nuevo. Usaba una máscara en la cara que le cubría la nariz y la boca. Dijo que estaba un poco enferma y que le dolía la cabeza. Yo le pedí a Papá que mandara medicina a su casa como cuando nosotros recibimos comida en la puerta.

Grandma called again. She was wearing a mask that covered her nose and mouth. Grandma said she was a little sick and had a headache. I asked Dad to send medicine to her home, just like when food is delivered to our door.

Días después, Abuela llevaba una máscara con un tubo. Habló poco y muy bajito.

Yo le pregunté a Papá: —¿Qué es eso gris a su lado?

Él dijo: —Es oxígeno, como el que usas para bucear en el océano o para ir al espacio.

Entonces me enseñó fotos de tanques de oxígeno en su teléfono.

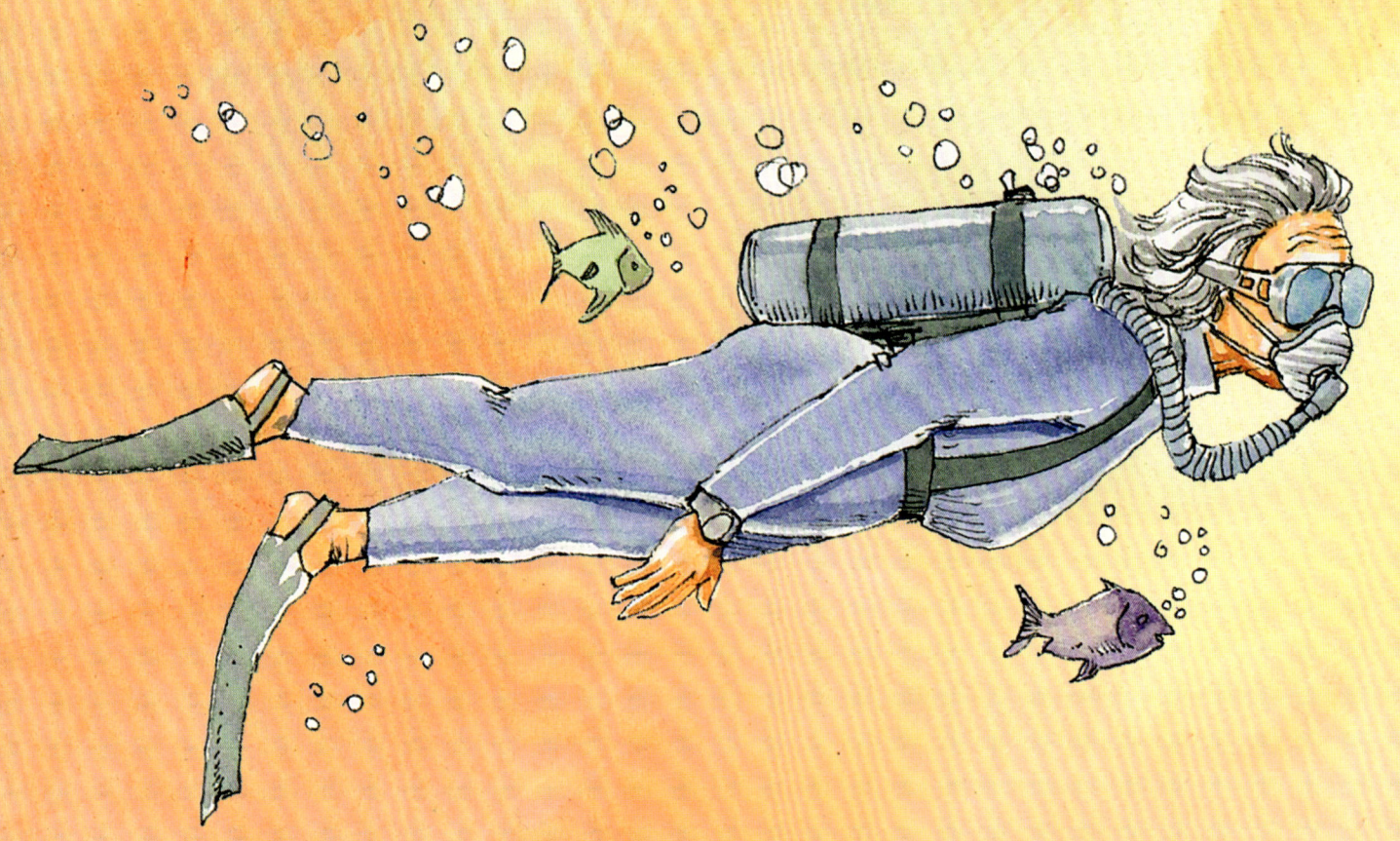

A few days later, Grandma was wearing a mask with a tube attached. She hardly spoke, and only softly.

I asked Dad, "What's that gray thing by her side?"

He said, "It's oxygen, like what you use to scuba dive in the ocean or to go up into space."

Then he showed me some photos on his phone of tanks for breathing.

Abuela dejó de mandar fotos y videos de sus perros. Yo echaba de menos verla y cantar con ella.

—¿Dónde está Abuela? —le pregunté a Papá.

Él encendió su teléfono y me mostró un mapa. Dijo que tardaríamos muchos días en manejar hasta allá.

Abuela stopped sending me photos and videos of her dogs. I missed seeing her and singing with her.

"Where is Grandma?" I asked Dad.

He switched on his phone and showed me a map. He said it would take many days to drive there.

Abuela dejó de llamar. Yo la busqué por su teléfono y tableta, pero no contestó. ¿Será que ya no va a hablar? Tal vez navega por el mar o se fue a viajar al espacio por todo el universo. Tendré que ir a rescatarla, pensé.

Abuela doesn't call anymore. I tried reaching her on her small phone and her tablet, but she didn't answer. Could it be that she won't call again? Maybe she's on an ocean voyage, or she's on a trip in space through the universe. I'll have to go rescue her, I thought.

Papá veía el teléfono y se ponía triste. Decía que le mandáramos fotos y videos a Abuela para hacerla reír.

Yo quería viajar por el teléfono de Papá y llegar a la casa de Abuela para jugar con Ambar y Goliath.

Dad would look at the phone and get sad. He said we should send Grandma photos and videos to make her laugh.

I wanted to travel through Dad's phone to Grandma's house to play with Ambar and Goliath.

Sólo salía a caminar con Papá y mi perro Malí.
—No toques nada, no agarres nada —decía Papá.
Yo extrañaba mucho a Abuela con cada día que pasaba.

I would only go out walking with Dad and my dog Malí.
"Don't touch anything, don't grab anything," Dad kept saying.
I really missed Grandma as the days went by.

Un día vino mi tía a cuidarme y Papá salió muy temprano de casa. Él llevaba puesta una máscara como la de Abuela. Malí y yo lo vimos irse. Tenía miedo de que no volviera.
—¡Papá, llévate tu teléfono! Así puedes volver a casa con el mapa —le recordé.

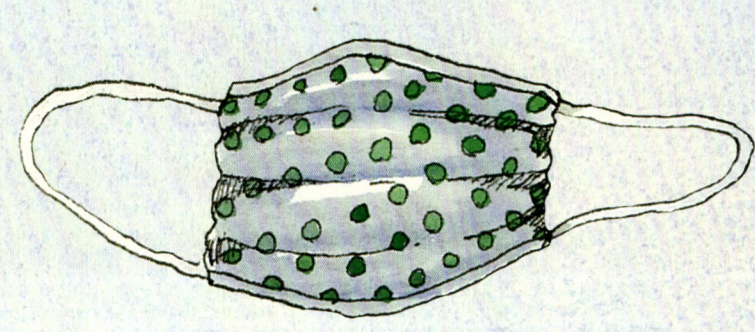

One day, my aunt came to babysit me and Dad left the house very early. He was wearing a mask like Grandma's. Malí and I watched him leave. I was afraid he wouldn't return.
"Dad, take your phone with you! That way you can use the map to get back home," I reminded him.

Esperé y esperé a que Papá volviera. Llamé a Abuela, pero no contestó nunca. Me asomaba por la ventana para ver si Papá venía pero tampoco estaba ahí.

I waited and waited for Papá to come home. I called Abuela, but she still did not answer. I would look out the window to see if Papá was coming back. But he was not there.

Una noche, Papá llegó con alguien extraño. Tenía una máscara, una careta de plástico, un sombrero rosa, guantes y un abrigo negro.

Esa persona se quitó el abrigo y los guantes. Después se quitó el sombrero y la careta. Malí y yo observábamos con mucha atención. Al final se quitó la máscara.

¡Era Abuela!

One night, Dad arrived with a stranger who was wearing a mask and a plastic shield, a pink hat, gloves and a black overcoat.

That person took off the overcoat and gloves, and then the hat and shield. Malí and I watched closely. Finally, they took off the mask.

It was Grandma!

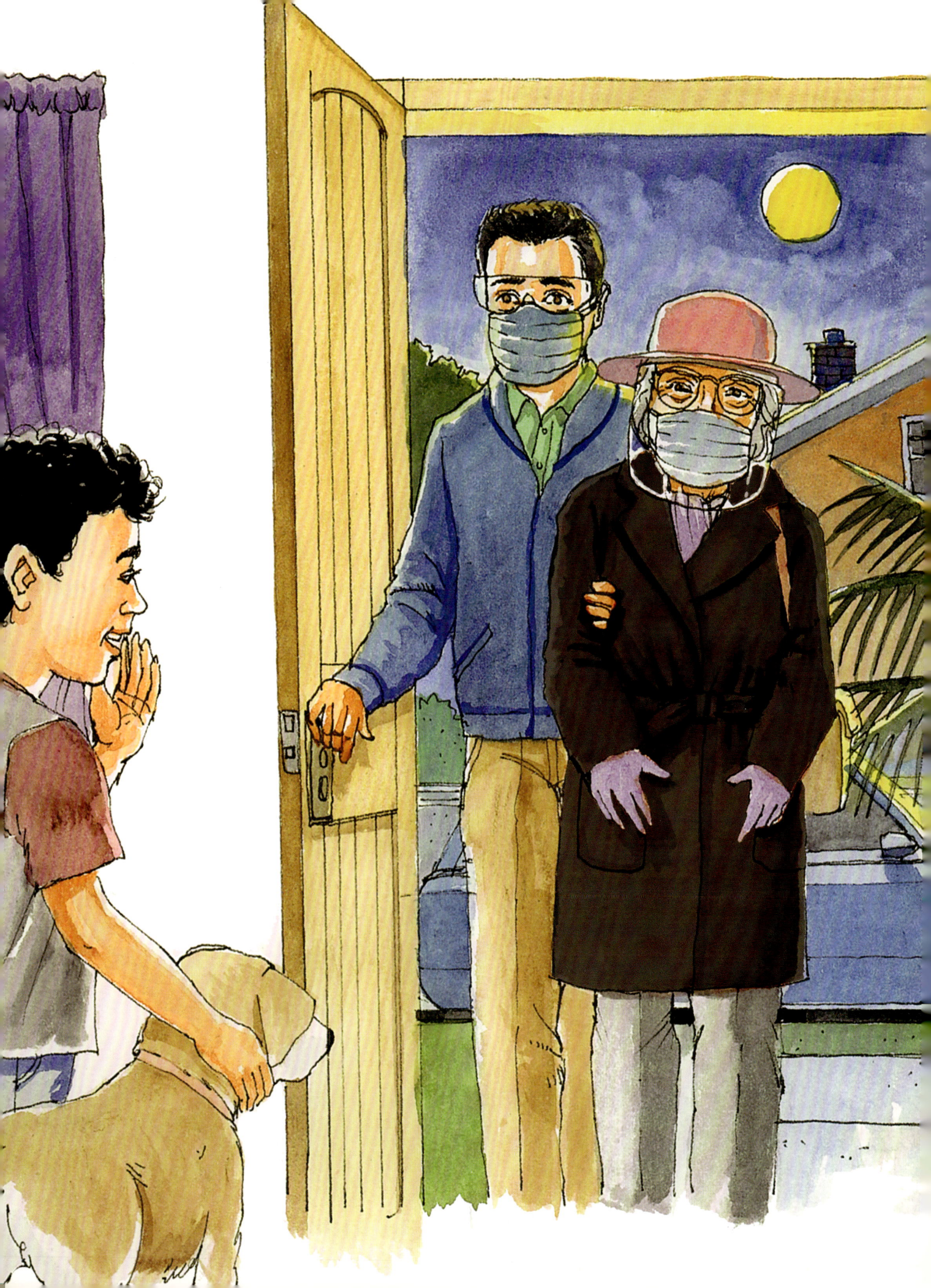

Yo la voy a cuidar para que no se vuelva a enfermar. Cantamos, bailamos y hacemos pasteles. Papá nos graba en videos y reímos juntos todas las noches.

Abuela dejó de hablar por teléfono porque ahora vive con nosotros en casa. Dice Papá que le dio Covid. Nos enseña en su teléfono como se ve. Es feo, pero si tenemos cuidado, no nos vamos a infectar.

I'm going to take care of her so that she doesn't get sick again. We sing, dance and bake cakes together. Dad records videos of us and we laugh all night.

Grandma doesn't call anymore. That's because she lives with us here in our home. Dad says she had Covid. He shows us the virus on his phone. It's ugly, but if we're careful, we won't get infected.

Airy Sindik es autor de *Sin aire para el regreso. Novela de la primera intifada de la primavera árabe* (UdeG, 2018). Dirige Entre Autores, encuentro para nuevos creadores en la Feria Internacional del Libro de Guadalajara y Poiesis/Diáspora, gestoría cultural de formación y creación. Ha sido profesor de comunicación en ITESO desde 2011 y ahora es estudiante de doctorado en Escritura Creativa en español en el programa de Estudios Hispánicos de la Universidad de Houston.

Airy Sindik wrote *Sin aire para el regreso. Novela de la primera intifada de la primavera árabe* (UdeG, 2018). He oversees Entre Autores, a forum for new authors at the Guadalajara International Book Fair, and Poiesis/Diáspora, a cultural and creative consultancy. He has taught communication in ITESO since 2011 and is currently a Ph.D. student in Creative Writing in Spanish in the Department of Hispanic Studies at the University of Houston.

Tony De Luz creció en los barrios de Boston y ha trabajado como artista de acuarelas, ilustrador, diseñador gráfico, empresario y maestro. Ha colaborado en exitosas campañas publicitarias para John Hancock y Hyatt Hotel. También iustró un sello de correos para el Servicio Postal de los Estados Unidos. Tony vive en Arizona con su esposa, Dana. Tienen cuatro hijos, un nieto y un gato llamado Gorgeous.

Tony De Luz was raised in Boston's inner city neighborhoods and has worked as a watercolor artist, commercial illustrator, graphic designer, business owner and teacher. He has collaborated on very successful advertising campaigns for John Hancock and Hyatt Hotels. Tony also created artwork for a First-Class postage stamp for the United States Postal Service. He lives in Arizona with his wife, Dana. They have four grown children, a grandson and a cat named Gorgeous.